Friedrich von Meyenburg

I. Über eine neue Synthese von Derivaten des Isindazols. II. Über Synthesen einiger alkylierten Tricarballylsäuren

Friedrich von Meyenburg

I. Über eine neue Synthese von Derivaten des Isindazols. II. Über Synthesen einiger alkylierten Tricarballylsäuren

ISBN/EAN: 9783743618770

Hergestellt in Europa, USA, Kanada, Australien, Japan

Cover: Foto ©Lupo / pixelio.de

Manufactured and distributed by brebook publishing software (www.brebook.com)

Friedrich von Meyenburg

I. Über eine neue Synthese von Derivaten des Isindazols. II. Über Synthesen einiger alkylierten Tricarballylsäuren

I.
Über eine neue Synthese von Derivaten des Isindazols.

II.
Über Synthesen einiger alkylierten Tricarballylsäuren.

Inaugural-Dissertation

zur

Erlangung der Doktorwürde der hohen naturwissenschaftlich-mathematischen Fakultät

der

Ruprecht-Karls-Universität zu Heidelberg

vorgelegt von

Friedrich von Meyenburg

aus

Zürich.

Heidelberg.
Universitätsbuchdruckerei von J. Hörning.
1891.

Seinen lieben Eltern

in Dankbarkeit gewidmet

vom Verfasser.

I.

Über eine neue Synthese von Derivaten des Isindazols.

Nach den Untersuchungen von E. Fischer und seinen Mitarbeitern[1]) bestehen zwei isomere Reihen von Indazolderivaten. Die wahren Indazolverbindungen leiten sich von dem Indazol

I. [Struktur: Benzolring anneliert mit Fünfring CH–NH–N]

ab, während sich die sogenannten Isindazolkörper auf eine Stammsubstanz zurückführen lassen, deren Konstitution durch das Schema

II. [Struktur: Benzolring anneliert mit Fünfring CH=N–NH]

ausgedrückt wird.

Entscheidend für die Formulierung des Indazols und seiner Derivate sind in erster Linie deren verschiedene Bildungsweisen.

Das Indazol[2]) selbst wird durch Erhitzen von o-Hydrazinzimmtsäure erhalten, wobei die Ringschliessung durch Austritt von Essigsäure zustande kommt:

$$C_6H_4\begin{cases}CH=CH\cdot CO_2H \\ NH-NH_2\end{cases} = C_6H_4\begin{matrix}CH \\ | \\ N\end{matrix}NH + CH_3\cdot CO_2H$$

---

1) E. Fischer und Kuzel, Ann. Chem. Pharm. **221**, 261; E Fischer und Tafel, Ann. Chem. Pharm. **227**, 303.
2) Ann. Chem. Pharm. **221**, 280.

Zu dem nächsten Homologen, dem **Methylindazol**, gelangt man auf zwei verschiedenen Wegen,[1]) erstens durch Erhitzen von Indazolessigsäure, welche letztere analog dem Indazol aus o-Hydrazinzimmtsäure durch oxydierende Einwirkung der Luft entsteht. Der Vorgang ist der folgende:

$$\text{I.} \quad C_6H_4\begin{smallmatrix}CH=CH \cdot CO_2H\\ NH-NH_2\end{smallmatrix} + O = H_2O + C_6H_4\begin{smallmatrix}C-CH_2 \cdot CO_2H\\ \diamond NH\\ N\end{smallmatrix}$$

Indazolessigsäure.

$$\text{II.} \quad C_6H_4\begin{smallmatrix}C-CH_2 \cdot CO_2H\\ \diamond NH\\ N\end{smallmatrix} = CO_2 + C_6H_4\begin{smallmatrix}C-CH_3\\ \diamond NH\\ N\end{smallmatrix}$$

Die zweite Darstellungsweise geht von der Hydrazinsulfosäure des o-Amidoacetophenons aus.

Das Natriumsalz dieser Säure spaltet nämlich in wässeriger Lösung bei gewöhnlicher Temperatur nach kurzem Stehen ein Molekül Wasser ab und geht in das entsprechende Salz der Methylindazolsulfosäure über, welches beim Erwärmen mit Salzsäure Methylindazol liefert. Will man nicht Bindungswechsel und Atomumlagerung annehmen, so lassen sich diese Reaktionen nur durch folgende Gleichungen veranschaulichen:

$$C_6H_4\begin{smallmatrix}CO-CH_3\\ NH-NH\cdot SO_3Na\end{smallmatrix} - H_2O = C_6H_4\begin{smallmatrix}C-CH_3\\ \\ N-N-SO_3Na\end{smallmatrix}$$

$$C_6H_4\begin{smallmatrix}C-CH_3\\ \\ N-N-SO_3Na\end{smallmatrix} + H_2O = C_6H_4\begin{smallmatrix}C-CH_3\\ \diamond NH\\ N\end{smallmatrix} + NaHSO_4.$$

Durch Überführung der Indazolessigsäure in Indazol und Methylindazol — resp. in direkte Substitutionsprodukte derselben — haben E. Fischer und Tafel[2]) den Zusammenhang dieser drei Körper klar gelegt.

Nimmt man daher die Formel I. für das Indazol an, so bleibt für die Körper der Isindazolreihe das zweite Schema übrig. That-

---
1) Ann. Chem. Pharm. **227**, 305, 323.
2) Ann. Chem. Pharm. **227**, 304.

sächlich entspricht das auch der Bildungsweise dieser Körper, da dieselben bisher fast ausschliesslich aus Amidoderivaten des Benzols erhalten worden sind, in denen ein Wasserstoffatom der Amidogruppe durch Alkyl ersetzt ist.

So entsteht z. B. die Carbonsäure des Iz1,3-Aethylmethylisindazols[1]) durch Reduktion von Nitroso-o-aethylamidozimmtsäure, wobei als Zwischenprodukt Aethylhydrazinzimmtsäure entsteht. Die Vorgänge werden durch folgende Gleichungen ausgedrückt:

$$\text{I.} \quad C_6H_4\begin{array}{l}\diagup CH=CH-CO_2H \\ \diagdown N\diagup NO \\ \diagdown C_2H_5\end{array} + 4H = H_2O +$$

$$\text{II.} \quad C_6H_4\begin{array}{l}\diagup CH=CH-CO_2H \\ \diagdown N\diagup NH_2 \\ \diagdown C_2H_5\end{array} - H_2 =$$

$$C_6H_4\begin{array}{l}\diagup C-CH_2-CO_2H \\ \diagdown N\diagup\diagup N \\ \dot{C}_2H_5\end{array}$$

Zu dem Aethylmethylisindazol gelangt man direkt durch Reduktion von Nitrosoaethyl-o-amidoacetophenon[2]):

$$C_6H_4\begin{array}{l}\diagup CO-CH_3 \\ \diagdown N-NO \\ \dot{C}_2H_5\end{array} + 4H = 2H_2O + C_6H_4\begin{array}{l}\diagup C-CH_3 \\ \diagdown N\diagup\diagup N \\ \dot{C}_2H_5\end{array}$$

Beide Entstehungsweisen berechtigten zu der von E. Fischer aufgestellten Formel für die Abkömmlinge des Isindazol:

---

1) Ann. Chem. Pharm. **227**, 332.
2) Ann. Chem. Pharm. **227**, 303.

$$\text{[benzo-fused ring]}\begin{array}{c}C-R\\ \parallel\\ N\\ |\\ N-R_1\end{array}$$

In neuester Zeit sind von verschiedenen Forschern einige andere Indazolsynthesen aufgefunden worden. Höchst eigentümlich ist z. B. die von V. Meyer[1]) beobachtete Bildung der Nitrophenylisindazolcarbonsäure. Behandelt man Dinitrophenylessigester mit Diazobenzolchlorid, so entsteht ein Hydrazon von folgender Konstitution:

$$\underset{NO_2\quad NO_2}{\text{[ring]}}C\underset{\underset{H}{\overset{|}{N-C_6H_5}}}{\overset{CO_2C_2H_5}{\diagup}}$$

Wird diese Verbindung in alkoholischer Lösung mit überschüssigem Kali behandelt, so tritt unter Abspaltung einer Nitrogruppe in Form von Kaliumnitrit und gleichzeitiger Verseifung des Esters folgender Vorgang ein:

$$\underset{NO_2\quad NO_2\ K}{\text{[ring]}}C\overset{CO_2C_2H_5}{\underset{N-C_6H_5}{\diagup}}\ =\ \underset{NO_2}{\text{[ring]}}C\overset{CO_2K}{\underset{N-C_6H_5}{\diagup}}\ \begin{array}{l}+C_2H_5OH\\+NO_2K\end{array}$$

Nitrophenylisindazolcarbonsäure.

Aus dieser eigentümlichen Reaktion, welche selbst in sehr verdünnter Lösung und in der Kälte erfolgt, geht hervor, dass eine besondere **Neigung zur Schliessung des Isindazolringes** bestehen muss.

Erst während des Verlaufes meiner Versuche sind noch zwei weitere Synthesen von Indazolderivaten aufgefunden worden. So erhielt C. Paal[2]) bei der Reduktion von o-Nitrobenzyl-

---

[1]) Ber. d. D. chem. Ges. XXII, 323; XXIII, 714.
[2]) Ber. d. D. chem. Ges. XXIV, 959.

anilin Phenylindazol, dem er in Anklang an E. Fischer folgende Formel erteilte:

$$C_6H_4\diagdown_{NO_2}^{CH_2}\diagdown NH - C_6H_5 + 2H = C_6H_4\diagup^{CH}\diagdown_N N \cdot C_6H_5 + 2H_2O$$
Phenylindazol.

Witt, Noelting und Grandmougin[1]) gingen von Nitro-orthotoluidin aus; beim Diazotieren desselben und Kochen der Diazoverbindung entstand neben Nitrokresol in beträchtlicher Menge Nitroindazol. Der Vorgang lässt sich folgendermassen deuten:

$$NO_2-C_6H_3\diagup^{CH-|H_2|}_{N=N|O|-H} = NO_2 \cdot C_6H_3\diagup^{CH}\diagdown_N NH + H_2O.$$

War die oben besprochene Auffassung der Isindazolkörper richtig, so durfte man erwarten, dass sich die Oxime aromatischer Orthoamidoketone durch Behandlung mit wasserentziehenden Mitteln in derartige Substanzen umwandeln lassen würden:

$$C_6H_4\diagup^{C=R}_{NH|H\ OH}\diagdown N - H_2O = C_6H_4\diagup^{C-R}_{NH}\diagdown N.$$

Jedoch war auch die Bildung von wahren Indazolderivaten nicht ausgeschlossen. Wir kennen nämlich bis jetzt nur solche Abkömmlinge des hypothetischen Isindazols, in welchen das an Stickstoff gebundene Wasserstoffatom durch eine Alkylgruppe ersetzt ist, während das Isindazol selbst und seine Homologen unbekannt sind. Der Gedanke liegt daher nahe, dass die beiden Indazolformeln

$$C_6H_4\diagup^{CH}\diagdown_N NH \quad \text{und} \quad C_6H_4\diagup^{CH}\diagdown_{NH} N$$

die desmotropen Formen ein und desselben Körpers bezeichnen,

---

1) Ber. d. D. chem. Ges. XXIII, 3635.

und eine Isomerie erst dann möglich wird, wenn an Stelle des beweglichen Imidowasserstoffes ein Radical tritt.

Um die Konstitution und die Isomerieverhältnisse der Indazolderivate zu prüfen, habe ich auf Veranlassung des Herrn Privatdocenten Dr. K. Auwers die Oxime des o-Amidoacetophenons und o-Amidobenzophenons in der angegebenen Richtung untersucht.

Hierbei hat sich im Wesentlichen folgendes ergeben:

Die genannten Oxime lassen sich beide mit Hülfe des Beckmann'schen Gemisches bei gewöhnlicher Temperatur glatt in Körper verwandeln, welche ihren Eigenschaften nach als acetylierte Indazolkörper aufzufassen sind.

Die aus dem Amidoacetophenonoxim erhaltene Verbindung z. B. besass die Zusammensetzung eines Acetylmethylindazols und musste, je nachdem sie ein Derivat des Indazols oder des Isindazols war, identisch oder nicht identisch sein mit dem noch unbekannten Acetylderivat des Fischer'schen Methylindazols,

$$C_6H_4 \underset{N}{\overset{C-CH_3}{\diamondsuit}} N-CO \cdot CH_3.$$

Letztere Substanz wurde dargestellt und erwies sich als unzweifelhaft verschieden von dem Körper aus Amidoacetophenonoxim; letzterem

muss daher die Formel $C_6H_4 \underset{N \cdot CO \cdot CH_3}{\overset{C-CH_3}{\diamondsuit}} N$ beigelegt werden.

Sonach stellen die neuen Verbindungen Isindazolkörper dar, deren Bildungsweise der Gleichung

$$C_6H_4 \underset{NHH}{\overset{C-R}{\diamondsuit}} N \cdot OH + 2 \genfrac{}{}{0pt}{}{C_2H_3O}{C_2H_3O} > O = C_6H_4 \underset{N \cdot C_2H_3O}{\overset{C-R}{\diamondsuit}} N + 3 C_2H_4O_2$$

entspricht. Diese Reaktion, welche vermutlich für die Oxime aromatischer o-Amidoketone allgemeine Gültigkeit besitzen wird, bildet eine neues Argument zu Gunsten der von E. Fischer für diese Körpergruppe angenommenen Konstitution.

Ein Versuch, durch Abspaltung der Acetylgruppe zu den freien Isindazolen oder, im Falle der Desmotropie, zu den entsprechenden Indazolen zu gelangen, verlief nicht in der gewünschten Weise, liess jedoch einen bemerkenswerten Unterschied in der Festigkeit des Indazol- und des Isindazolringes erkennen.

Erwärmt man nämlich die Acetylverbindung des Fischerschen Methylindazols mit wässeriger Natronlauge, so tritt normale Spaltung ein, und es entsteht das freie Methylindazol:

$$C_6H_4 \langle\!\!|\!\!\rangle_N^{C-CH_3} N \cdot CO \cdot CH_3 + H_2O = C_6H_4 \langle\!\!|\!\!\rangle_N^{C-CH_3} NH + C_2H_4O_2.$$

Unter genau den gleichen Bedingungen wird dagegen der Isindazolring gesprengt, ein Molekül Wasser aufgenommen und, das Oxim, aus welchem die Substanz entstanden war, zurückgebildet:

$$C_6H_4 \langle\!\!\rangle_{N \cdot C_2H_3O}^{C-CH_3} N + 2H_2O = C_6H_4 \langle_{NH_2}^{C-CH_3} N \cdot OH + C_2H_4O_2.$$

Auch dieses verschiedene Verhalten steht im Einklang mit den für beide Körpergruppen gebräuchlichen Formeln.

Experimenteller Teil.

I. Derivate des Orthoamidoacetophenons.

Das für die Versuche nötige o-Amidoacetophenon wurde nach der Baeyer'schen[1]) Vorschrift aus o-Nitrophenylpropiolsäure dargestellt. Es erwies sich hierbei vorteilhaft, das Erhitzen dieser Säure mit Wasser nicht auf freier Flamme, sondern im Chlorcalciumbade vorzunehmen, da auf diese Weise Überhitzung des Bades und damit Verharzung der noch unzersetzten Säure vermieden wird. Das Übertreiben des o-Nitrophenylacetylens geschieht am besten mit überhitztem Wasserdampf, weil man dadurch an Zeit spart und auch das lästige Arbeiten mit allzugrossen Flüssigkeitsmengen vermeidet. Das so erhaltene Produkt ist zwar etwas dunkler gefärbt, doch nicht weniger rein. Die Überführung in Amidophenylacetylen und Amidoacetophenon wurde genau nach der citierten Vorschrift ausgeführt. Die Ausbeute aus 200 g o-Nitrophenylpropiolsäure betrug 85 g o-Nitrophenylacetylen, die mit ca. 6 Liter Wasser übergegangen waren. Ausäthern des wässerigen Filtrates ist hierbei kaum lohnend. 60 g der Nitroverbindung gaben bei der Reduktion mit Zinkstaub und Ammoniak 45 g reines Amidophenylacetylen und diese weiter 29 g Amidoacetophenon, welche unter 20 mm Druck von $127°-129°$ übergingen.

---

[1] Baeyer, Ber. d. D. chem. Ges. XIII, 2259; Baeyer und Bloem, XV, 2153; XVII, 964.

o-Amidoacetophenonoxim.

Die Oximierung des Ketons erfolgt am raschesten und glattesten in stark alkalischer Lösung.

1 Molekül Keton, 3 Moleküle salzsaures Hydroxylamin und 8—9 Moleküle Ätzkali wurden in alkoholischer Lösung etwa eine halbe Stunde auf dem Wasserbade digeriert, darauf das ausgeschiedene Chlorkalium abfiltriert und der grösste Teil des Alkohols verdunstet. Auf Zusatz von Wasser schied sich die Hauptmenge des gebildeten Oxims als weisse Krystallmasse aus, der Rest wurde aus dem alkalischen Filtrat durch Einleiten von Kohlensäure ausgefällt. Beide Portionen wurden getrennt aus heissem Wasser umkrystallisiert, erwiesen sich jedoch als identisch. Schon nach einmaligem Umkrystallisieren war der Schmelzpunkt konstant. Dieser Umstand, sowie die sehr gute Ausbeute sprechen dafür, dass dieses Oxim das einzige Reaktionsprodukt ist, und ein isomeres Oxim sich nicht bildet.

Das gleiche Oxim entsteht, nur langsamer, wenn man Hydroxylamin in alkalischer Lösung bei Zimmertemperatur auf das o-Amidoacetophenon einwirken lässt, oder wenn man das Keton mit etwa 3 Molekülen salzsaurem Hydroxylamin in alkoholischer Lösung einige Stunden auf dem Wasserbade digeriert. Auch im Rohr bei 100°, 130° und 160° wandelt salzsaures Hydroxylamin das Keton in das nämliche Oxim um, doch tritt bei den höheren Temperaturen eine ziemlich starke Verharzung ein.

Da dieses Oxim, $C_6H_4\begin{smallmatrix}C-CH_3\\\diagdown N\cdot OH\\NH_2\end{smallmatrix}$, das Ausgangsmaterial für meine Versuche bildete, wurde es vollständig analysiert.

I. 0,1574 g Substanz gaben 0,3615 g Kohlensäure und 0,0978 g Wasser.

II. 0,2081 g Substanz gaben 33,6 ccm feuchten Stickstoff bei 16° und 752 mm Druck.

	Berechnet für $C_8H_{10}N_2O$	Gefunden I.	II.
C	64,00	63,73	— %
H	6,67	7,02	— „
N	18,67	—	18,62 „

Die Substanz krystallisiert aus heissem Wasser, in dem sie leicht löslich ist, in feinen, verfilzten, weissen Nädelchen, die konstant bei 109° schmelzen. Auch aus konzentriertem heissen Alkali lässt sich die Verbindung umkrystallisieren, sie besitzt also nur schwach sauren Charakter. Von Wasser, welches mit wenig Tropfen Salzsäure angesäuert ist, wird der Körper leicht aufgenommen, schwierig dagegen von überschüssiger konzentrierter Salzsäure. Das salzsaure Salz scheidet sich aus Wasser in langen, haarfeinen, büschelförmig vereinigten Nadeln ab. In Alkohol, Aether, Chloroform und Benzol ist das Oxim leicht löslich, schwer in Ligroïn.

Das Oxim zeichnet sich durch seine grosse Beständigkeit aus, denn es lässt sich in kleinen Mengen fast unzersetzt destillieren. Auf dem Wasserbade erhitzt, sublimiert es langsam in kleinen glänzenden Nädelchen.

Diacetylverbindung des Oxims.

Bei der Behandlung des Oxims mit Essigsäureanhydrid konnte möglicherweise schon Wasserabspaltung eintreten. Der Versuch zeigte jedoch, dass in normaler Weise Acetylierung stattfand.

0,2 g des Oxims wurden mit der doppelten Menge Essigsäureanhydrid übergossen. Dabei löste sich das Oxim unter starker Erwärmung auf. Beim Erkalten schieden sich weisse, perlmutterglänzende Blättchen ab, die bald die ganze Masse breiartig erfüllten. Durch Zusatz von Wasser wurde die Abscheidung vollkommen gemacht. Nach dem Umkrystallisieren aus 30 prozentigem Alkohol lag der Schmelzpunkt der Verbindung konstant bei 127°.

Die Analyse ergab den für die **Diacetylverbindung des Oxims** berechneten Stickstoffgehalt.

0,1715 g Substanz gaben 18,1 ccm feuchten Stickstoff bei 13° und 743 mm Druck.

Berechnet   Gefunden
für $C_{12}H_{14}N_2O_3$
N   11,96   12,22 %.

Bei Ausführung des Versuches in der Wärme entstand derselbe Körper, doch war das Rohprodukt dunkler gefärbt und weniger rein.

Lässt man die Verbindung 1—2 Tage mit wässeriger Natronlauge bei gewöhnlicher Temperatur stehen, so geht sie allmählich unter Abspaltung beider Acetylgruppen in Lösung. Beim Einleiten von Kohlensäure scheidet sich das ursprüngliche Oxim wieder aus.

Iz 1, 3-Acetylmethylisindazol.

Die Beständigkeit des Oxims des o-Amidoacetophenons wurde bereits hervorgehoben. Es gelingt daher auch nicht, demselben einfach durch Erhitzen auf höhere Temperatur Wasser zu entziehen. Man kann das Oxim andauernd im Oelbade über 200° erwärmen, ohne dass dasselbe eine wesentliche Veränderung erleidet. Wird es mit Wasser oder absolutem Alkohol im Rohr auf die gleiche Temperatur erhitzt, so werden beträchtliche Mengen von o-Amidoacetophenon zurückgebildet; daneben findet sich unverändertes Oxim.

Anders verläuft die Reaktion, wenn das Oxim mit wasserentziehenden Mitteln, wie Chlorzink und Phosphorsäureanhydrid erwärmt wird. In diesem Falle findet, sobald die Temperatur auf etwa 180° — bei Anwendung von Chlorzink — oder 110° — bei Anwendung von Phosphorsäureanhydrid — gestiegen ist, eine lebhafte Einwirkung statt, und aus dem Reaktionsprodukt lassen sich kleine Mengen indazolartiger Substanzen isolieren, doch tritt starke Verharzung ein.

Diese Versuche wurden vorläufig nicht weiter verfolgt, da sich in der Einwirkung des Beckmann'schen Gemisches ein Mittel fand, um die gewünschte Wasserabspaltung aus dem Keton in weit glatterer Weise zu erzielen.

Ein Teil Oxim wurde mit 8 Teilen Eisessig und 2 Teilen Essigsäureanhydrid übergossen, die Lösung unter Wasserkühlung mit Salzsäuregas gesättigt und vier Tage bei Zimmertemperatur stehen gelassen. Die gelbrote Flüssigkeit wurde alsdann auf dem Wasserbade zur Syrupsdicke eingedampft und mit konzentrierter wässeriger Sodalösung übersättigt. Hierbei schied sich ein voluminöser, krystallinischer Körper aus, der scharf abgesaugt und dann, da er in reinem Wasser sehr löslich war, ohne vorheriges Auswaschen direkt auf Thon gestrichen wurde. Der wässerigen Mutterlauge wurden durch Äther noch beträchtliche Mengen desselben Körpers entzogen, so dass die Gesamtausbeute sehr gut war.

Der Schmelzpunkt der aus Wasser oder Benzol umkrystallisierten Substanz lag bei 103°. Bei der Analyse wurden Zahlen erhalten, welche auf die Formel $C_{10}H_{10}N_2O$ stimmten.

I. 0,1782 g Substanz gaben 0,4509 g Kohlensäure und 0,0972 g Wasser.

II. 0,1050 g Substanz gaben 15,1 ccm feuchten Stickstoff bei 19° und 752 mm Druck.

	Berechnet für $C_{10}H_{10}N_2O$	Gefunden I.	II.	
C	68,96	69,01	—	%
H	5,75	6,06	—	„
N	16,09	—	16,33	„

Die neue Verbindung ist aus dem Oxim des o-Amidoacetophenons durch Wasserabspaltung unter gleichzeitiger Acetylierung entstanden:

$$C_8H_{10}N_2O + C_2H_4O_2 = C_{10}H_{10}N_2O + 2H_2O.$$

Diese Reaktion kann sich in verschiedener Weise abspielen. Wirkt das Beckmann'sche Gemisch in normaler Weise, so wird es das Oxim zunächst in das o-Amidoacetanilid verwandeln, gerade so wie aus Acetophenonoxim Acetanilid entsteht:

$$C_6H_4\!\!<\!\!\begin{array}{c}C-CH_3\\ \diagdown N\cdot OH\\ NH_2\end{array} \;=\; C_6H_4\!\!<\!\!\begin{array}{c}NH-CO-CH_3\\ \\ NH_2\end{array}$$

Dieses Acetylderivat des o-Phenylendiamins wird aber sofort durch Abspaltung von Wasser in die entsprechende Anhydrobase, das Aethenylphenylenamidin, übergehen:

$$C_6H_4\!\!<\!\!\begin{array}{c}NH-CO-CH_3\\ \\ NH_2\end{array} - H_2O \;=\; C_6H_4\!\!<\!\!\begin{array}{c}N\\ \diagdown C-CH_3\\ NH\end{array}$$

Durch Acetylierung dieser Base würde dann ein Körper von der gefundenen Zusammensetzung entstehen:

$$C_6H_4\!\!<\!\!\begin{array}{c}N\\ \diagdown C-CH_3\\ N\cdot C_2H_3O\end{array} = C_{10}H_{10}N_2O.$$

Gegen eine derartige Auffassung des Körpers spricht jedoch sein chemisches Verhalten; zumal die Rückverwandlung der Verbindung durch wässeriges Alkali in das Oxim des o-Amidoacetophenons (vgl. unten) ist mit der gegebenen Formel unvereinbar.

Man muss daher annehmen, dass das Beckmann'sche Gemisch in diesem Falle nicht umlagernd, sondern einfach wasserentziehend und acetylierend wirkt, wobei die **Acetylverbindung eines Methylindazols oder Methylisindazols** entstehen kann:

$$C_6H_4\!\!<\!\!\begin{array}{c}C-CH_3\\ \diagup N-C_2H_3O\\ N\end{array} \quad oder \quad C_6H_4\!\!<\!\!\begin{array}{c}C-CH_3\\ \diagdown N\\ N\cdot C_2H_3O\end{array}$$

In seinen Eigenschaften zeigt der Körper in der That grosse Ähnlichkeit mit den von E. Fischer dargestellten Indazolderivaten. Besonders hervorzuheben ist in dieser Beziehung der charakteristische, durchdringende, süssliche, honigartige Geruch der Substanz, welcher dem Geruch des Fischer'schen Methylindazols sehr ähnelt. Wie die meisten Indazolderivate ist auch die neue Verbindung sehr leicht löslich in reinem, heissen Wasser, schwer löslich dagegen in konzentrierten Alkalien. Der Körper ist eine Base und giebt wie die Indazole mit den Salzen der Schwermetalle schwer lösliche Doppelverbindungen; durch Quecksilberchlorid z. B. wird aus verdünnten wässerigen oder salzsauren Lösungen des Körpers ein in Nadeln krystallisierendes Doppelsalz ausgefällt, welches aus siedendem Wasser umkrystallisiert werden kann. Das Oxim des o-Amidoacetophenons wird unter den gleichen Bedingungen durch Quecksilberchlorid nicht gefällt.

In kleinen Mengen lässt sich der Körper sublimieren, bei der Destillation grösserer Quantitäten tritt dagegen Zersetzung ein. Mit Wasserdämpfen verflüchtigt er sich nicht.

Aus wenig heissem Wasser krystallisiert die Substanz in haarfeinen, seideglänzenden Nadeln. In allen gebräuchlichen, Lösungsmitteln, mit Ausnahme von Ligroïn, ist der Körper leicht löslich; aus einem Gemisch von Aether und Ligroïn erhält man ihn beim freiwilligen Verdunsten der Lösung in stark glänzenden, farblosen, büschelförmig gruppierten Nadeln.

Sehr charakteristisch für die Verbindung ist die starke Efflorescenz, welche sich bei der Krystallisation aus leicht flüchtigen Lösungsmitteln zeigt. Am auffallendsten tritt diese Eigenschaft zu Tage, wenn man eine Benzollösung der freiwilligen Verdunstung überlässt. Man erhält dann ausserordentlich weit und fein verzweigte, blumenkohlartige Gebilde, die an dünnen Stengeln emporwachsen; an dieser eigentümlichen Art zu krystallisieren kann man selbst sehr geringe Mengen der Substanz mit Sicherheit erkennen.

Die reine Verbindung ist vollkommen farblos und nimmt bei längerem Liegen in trockener Luft nur allmählich eine gelbe Farbe an. In feuchtem Zustande färbt sich dagegen der Körper an der Luft rasch intensiv rot, ein Verhalten, welches E. Fischer gleichfalls beim Methylindazol beobachtete.

Die Lösung des Körpers in reinem Wasser zeigt eine starke, grüne Fluorescenz, während seine alkalische Lösung etwa das Aussehen einer alkoholischen Chlorophylllösung besitzt.

Da anzunehmen war, dass in erster Linie die Salzsäure die Abspaltung von Wasser aus dem Oxim des o-Amidoacetophenons bewirkt habe, so wurde, um womöglich an Stelle der Acetylverbindung das Isindazol selbst zu erhalten, in eine wässrige, alkoholische und essigsaure Lösung des Oxims Salzsäuregas unter Kühlung bis zur Sättigung eingeleitet. Diese drei Lösungen blieben acht Tage bei Zimmertemperatur stehen. Es war jedoch in keinem Falle ein Indazolkörper in nachweisbarer Menge entstanden, vielmehr war überall ein Teil des Oxims in Keton zurückverwandelt, der Rest unverändert geblieben.

Oxim des Acetyl-o-Amidoacetophenons und Umwandlung desselben in Iz 1, 3-Acetylmethylisindazol.

Um die Konstitution des beschriebenen Acetylmethylindazols aufzuklären, wurde versucht, dasselbe aus dem Acetyl-o-Amidoacetophenon zu gewinnen, da in diesem Falle die Stellung der Acetylgruppe bekannt war.

Die Acetylverbindung des o-Amidoacetophenons wurde leicht durch Behandlung des Ketons mit Essigsäureanhydrid gewonnen und zeigte den von Baeyer und Bloem[1]) angegebenen Schmelzpunkt 76°—77°.

2 g dieser Acetylverbindung wurden mit 3 g salzsaurem Hydroxylamin und 2 g Aetzkali in alkoholisch-wässriger Lösung 4 bis 5 Stunden auf dem Wasserbade erhitzt. Nach dem Filtrieren und Verjagen des Alkohols blieb ein öliger Rückstand, der sich allmählich in kalter, verdünnter Natronlauge löste. Wurde unter guter Kühlung langsam Kohlensäure in diese alkalische Lösung

---

1) Ber. d. D. chem. Ges. XV, 2154.

eingeleitet, so schied sich ein schneeweiser, flockiger Niederschlag aus, während bei raschem Einleiten ohne Kühlung ein Öl ausgefällt wurde, welches nur langsam erstarrte und schwer zu reinigen war. Der Mutterlauge wurden durch Aether noch beträchtliche Mengen des Körpers entzogen.

Zur Reinigung kann man die Substanz aus siedendem Wasser oder aus Benzol umkrystallisieren. Aus ersterem scheidet sie sich in farblosen, flachen Nadeln ab, aus letzterem in glänzenden Prismen. Als gelegentlich eine wässerige Lösung des Körpers mit Aether ausgeschüttelt worden und der Aether einige Tage mit dem Wasser in Berührung geblieben war, hatte sich die Substanz in derben, allseitig gut ausgebildeten, tafelförmigen Krystallen abgeschieden. In allen Fällen lag der Schmelzpunkt der Verbindung konstant bei 149°—150°.

Eine Stickstoffbestimmung zeigte, dass in dem Körper das gewünschte Oxim des Acetyl-o-amidoacetophenons

$$C_6H_4 \diagup \begin{matrix} C-CH_3 \\ \diagdown N \cdot OH, \\ NH \cdot C_2H_3O \end{matrix}$$

vorlag.

0,1123 g Substanz gaben 14,7 ccm feuchten Stickstoff bei 22° und 749 mm Druck.

Berechnet für $C_{10}H_{12}N_2O_2$ Gefunden
N 14,58   14,61 %.

2 g dieses Oxims wurden vier Tage lang mit dem Beckmann'schen Gemisch bei gewöhnlicher Temperatur stehen gelassen. Das Reaktionsprodukt wurde in genau der gleichen Weise, wie oben beschrieben, verarbeitet und hierbei ein Körper erhalten, der durch seinen Schmelzpunkt 103°, seinen Geruch, die Art des Krystallisierens aus Benzol, Fluorescenz seiner wässerigen Lösung, Löslichkeitsverhältnisse und Fällbarkeit durch Quecksilberchlorid sich als identisch mit der aus o-Amidoacetophenonoxim gewonnenen Verbindung erwies.

Damit ist die Natur jenes Körpers als eines Isindazolderivates mit Sicherheit festgestellt:

$$C_6H_4 \genfrac{}{}{0pt}{}{C-CH_3}{\diagdown N \cdot OH} \genfrac{}{}{0pt}{}{}{NH \cdot C_2H_3O} - H_2O = C_6H_4 \genfrac{}{}{0pt}{}{C-CH_3}{\diamond N} \genfrac{}{}{0pt}{}{}{N \cdot C_2H_3O}$$

I z 2, 3-Acetylmethylindazol.

Durch Acetylierung des Fischer'schen Methylindazols musste man zu einem isomeren Acetylmethylindazol gelangen.

2 g o-Amidoacetophenon lieferten nach der vortrefflichen Fischer'schen Vorschrift[1]) 1,75 g Methylindazol, welches nach einmaligem Umkrystallisieren aus heissem Wasser den richtigen Schmelzpunkt 113° zeigte.

Erwärmt man dieses Methylindazol kurze Zeit mit Essigsäureanhydrid auf dem Wasserbade und dampft die Lösung unter Zusatz von Alkohol ein, so hinterbleibt ein gelbes Öl, welches beim Erkalten krystallinisch erstarrt. Die Reinigung des Körpers geschieht am besten durch Krystallisation aus etwa 30 prozentigem, heissen Alkohol. Bei langsamem Erkalten der Lösung erhält man grosse, dünne Blätter oder zolllange Nadeln mit abgerundeten Kanten. Beide Arten von Krystallen schmelzen konstant bei 72°.

0,1460 g Substanz gaben 21,2 ccm feuchten Stickstoff bei 19° und 749 mm Druck.

Berechnet für $C_{10}H_{10}N_2O$ Gefunden
N   16,09   16,44 %.

Die Analyse zeigt, dass der Körper ein Acetylmethylindazol, $C_6H_4 \genfrac{}{}{0pt}{}{C-CH_3}{\diamond}{N} N \cdot C_2H_3O$, darstellt, welches gänzlich verschieden von dem oben beschriebenen isomeren Körper ist. Abgesehen von der grossen Differenz der Schmelzpunkte zeigt die Acetylverbindung des Fischer'schen Methylindazols bei der

---
1) Ann. Chem. Pharm. **227**, 316.

Krystallisation aus Benzol keine Spur von Efflorescenz, sondern scheidet sich beim freiwilligen Verdunsten der Lösung in schönen, rhombenförmigen Krystallen aus. Der Körper ist in den meisten Lösungsmitteln leicht löslich, auch in heissem Wasser, jedoch weniger als das Isomere. Wie jenes besitzt er einen süsslichen Geruch und wird aus wässeriger Lösung durch Quecksilberchlorid gefällt.

Spaltung der beiden Acetylmethylindazole.

Noch schärfer, als in den erwähnten Eigenschaften, zeigte sich die Verschiedenheit der beiden Isomeren in ihrem Verhalten gegen Alkali. War das Methylindazol nur in einer Form existenzfähig, so musste man durch Abspaltung der Acetylgruppe in beiden Fällen zu dem Fischer'schen Körper gelangen; im anderen Falle dagegen durfte die Bildung eines Isomeren erwartet werden.

Die Spaltung des Acetylmethylindazols (72°) verlief in normaler Weise. 0,5 g der Verbindung wurden mit verdünnter, wässeriger Natronlauge 2—3 Stunden auf dem Wasserbade erwärmt, darauf die Lösung in einer Schale konzentriert und dann mit Aether ausgeschüttelt. Auf diese Weise wurde in sehr guter Ausbeute das Methylindazol (113°) zurückgewonnen, welches an seinen charakteristischen Eigenschaften mit Sicherheit erkannt wurde. Das so erhaltene Produkt zeichnete sich durch seine schneeweisse Farbe aus, die auch bei mehrtägigem Liegen an der Luft und im Licht bestehen blieb. Die Rotfärbung des auf gewöhnlichem Wege dargestellten Methylindazols an der Luft beruht daher wohl auf einer geringen Beimengung einer fremden Substanz.

Ganz anders verläuft dagegen die Reaktion bei dem Acetylmethylisindazol (103°). Als dasselbe in genau der gleichen Weise behandelt wurde, wie sein Isomeres, hinterblieb nach dem Verdunsten des Aethers eine Substanz, welche sich bei näherer

Untersuchung als das Oxim des o-Amidoacetophenons erwies. Der Körper schmolz aus Wasser umkrystallisiert bei 109°, war löslich in Alkalien und Säuren und wurde durch Quecksilberchlorid nicht gefällt, war also kein Indazolderivat.

Da die Menge zu einer Analyse nicht ausreichte, wurde das Produkt mit Essigsäureanhydrid behandelt und daneben eine gleiche Quantität des früher dargestellten Amidoacetophenonoxims ebenfalls acetyliert. Beide Reaktionsprodukte schieden sich aus heissem 20 prozentigem Alkohol in den gleichen Nädelchen aus und schmolzen neben einander scharf bei 126°.5. An der Identität des durch Spaltung aus dem Acetylmethylisindazol entstandenen Produktes mit dem genannten Oxim ist daher nicht zu zweifeln.

Die Reaktion entspricht, wie schon eingangs erwähnt, der Gleichung:

$$C_6H_4 \underset{N \cdot C_2H_3O}{\overset{C-CH_3}{\diamondsuit}} N + 2\,H_2O = C_6H_4 \underset{NH_2}{\overset{C-CH_3}{\diamondsuit}} N \cdot OH + C_2H_4O_2.$$

Wahrscheinlich findet ein glatter Übergang des Isindazolderivates unter Aufspaltung des Ringes in das Oxim statt.

Vielleicht wird es gelingen durch Behandlung des Acetylmethylisindazoles in der Kälte die Ringsprengung zu vermeiden und auf diese Weise zu dem Fischer'schen Methylindazol oder zu einem Isomeren zu gelangen. Wegen der geringen Menge des verfügbaren Materials musste der Versuch vor der Hand unterbleiben.

Hydrazon des o-Amidoacetophenons.

Gelegentlich dieser Untersuchungen wurde auch das noch nicht bekannte Hydrazon des o-Amidoacetophenons dargestellt. Dasselbe bildet sich mit grosser Leichtigkeit, wenn man 1 Molekül des Ketons mit 2 Molekülen Phenylhydrazin und der äquivalenten Menge 50 prozentiger Essigsäure in alkoholischer Lösung erwärmt (1—2 Stunden). Nach dem Erkalten ist die Flüssigkeit mit feinen glänzenden Nädelchen erfüllt, die aus dem **Acetat des Hydrazons** bestehen. Durch Ausfällen mit Soda, Filtrieren, Auswaschen mit kaltem Wasser erhält man das Hydrazon schon fast rein.

Zur Analyse wurde der Körper aus wenig heissem Alkohol unter Zusatz von Tierkohle umkrystallisiert. Eine Stickstoffbestimmung gab den für die Formel:

$$C_6H_4 \underset{NH_2}{\overset{|}{-}} \underset{\|}{C} \underset{N-NH \cdot C_6H_5}{-} CH_3$$

stimmenden Wert.

0,1856 g Substanz gaben 30,2 ccm feuchten Stickstoff bei 16° und 751 mm Druck.

Berechnet für $C_{14}H_{15}N_3$ Gefunden
N   18,67   18,74 %.

Das Hydrazon krystallisiert in feinen Nädelchen, welche bei 108° schmelzen. Es ist ziemlich leicht löslich in heissem Wasser, sehr leicht in heissem Alkohol, weit weniger in kaltem. Leicht löslich ist die Verbindung ferner in Aether, Benzol und Chloroform, schwer dagegen in Ligroïn.

II. Derivate des o-Amidobenzophenons.

Um zu prüfen, ob die beschriebene Synthese von Isindazolderivaten von allgemeiner Gültigkeit sei, wurden analoge Versuche mit dem Oxim eines rein aromatischen o-Amidoketons, des o-Amidobenzophenons, angestellt.

Zur Darstellung des o-Amidobenzophenons folgte ich den Angaben von Geigy und Königs[1]), welche aus o-Nitrobenzylchlorid und Benzol nach der Friedel-Crafts'schen Methode o-Nitrodiphenylmethan darstellten, dieses mit Chromsäureanhydrid in Eisessiglösung oxydierten und das entstandene o-Nitrobenzophenon mit Zinn und Salzsäure reduzierten. Abweichend von den genannten Forschern liess ich jedoch das Gemisch von

---

1) Ber. d. D. chem. Ges. XVIII, 2402.

Benzol, o-Nitrobenzylchlorid und Aluminiumchlorid erst einige Tage bei gewöhnlicher Temperatur stehen und erwärmte nur zum Schluss gelinde, da die Ausbeuten auf diese Weise bessere waren, als wenn sofort in der Wärme gearbeitet wurde.

So gaben beispielsweise 30 g o-Nitrobenzylchlorid 33 g -oNitrodiphenylmethan, 24 g o-Nitrobenzophenon und endlich 18 g o-Amidobenzophenon.

o-Amidobenzophenonoxim.

Die Überführung des Ketons in sein Oxim geschieht am besten durch Behandlung desselben in alkoholisch-wässeriger Lösung mit freiem Hydroxylamin und überschüssigem Alkali auf dem Wasserbade. Nach 4—5 Stunden ist die Reaktion vollendet; man filtriert vom ausgeschiedenen Chlorkalium ab, verjagt den Alkohol zum grössten Teil, verdünnt mit Wasser und fällt durch Einleiten von Kohlensäure das Oxim aus. Nach mehrfachem Umkrystallisieren aus verdünntem, heissen Alkohol lag der Schmelzpunkt konstant bei 156°.

Die Zusammensetzung des Körpers wurde durch die Analyse festgestellt.

I. 0,2182 g Substanz gaben 0,5916 g Kohlensäure und 0,1204 g Wasser.

II. 0,2843 g Substanz gaben 0,7651 g Kohlensäure und 0,1499 g Wasser.

III. 0,2003 g Substanz gaben 23,1 ccm feuchten Stickstoff bei 17° und 760 mm Druck.

	Berechnet für $C_{13}H_{12}N_2O$	Gefunden I.	II.	III.
C	73,58	73,94	73,39	— %
H	5,66	6,13	5,86	— „
N	13,21	—	—	13,39 „

Das o-Amidobenzophenonoxim löst sich leicht in den gebräuchlichen Lösungsmitteln, nur in kaltem Wasser und Benzol ist es schwer löslich. Es krystallisiert in feinen Nädelchen oder vierseitig begrenzten Blättchen. In Alkalien löst es sich leicht und lässt sich aus ihnen im Gegensatz zu dem Oxim des o-Amidoacetophenons nicht umkrystallisieren.

Die Ausbeute an dem Oxim betrug nur etwa 50—60 $\%$ der Theorie, war also ziemlich unbefriedigend. Auch wurde der Schmelzpunkt regelmässig erst nach mehrfachem Umkrystallisieren konstant, während bei dem o-Amidoacetophenonoxim hierfür eine einmalige Krystallisation genügte. Es deutet dies darauf hin, dass dem beschriebenen Oxim ein isomerer Körper beigemengt war. (Vgl. unten.)

Wurde die Oximierung bei gewöhnlicher Temperatur oder mit salzsaurem Hydroxylamin ausgeführt, so entsand das gleiche Oxim, jedoch in noch weniger guter Ausbeute. Ueber die Einwirkung des salzsauren Hydroxylamins im Rohr bei höherer Temperatur wird weiter unten berichtet werden.

Diacetylverbindung des Oxims.

Auch das in Rede stehende Oxim spaltet bei der Behandlung mit Essigsäureanhydrid weder in der Kälte noch in der Wärme Wasser ab, sondern wird in seine **Diacetylverbindung** übergeführt.

Dieser Körper wird in derselben Weise gewonnen wie das entsprechende Derivat des o-Amidoacetophenons. Zur Reinigung krystallisiert man ihn aus verdünntem Alkohol oder Chloroform um. Schmelzpunkt: 218°.

0,1209 g Substanz gaben 10,6 ccm feuchten Stickstoff bei 21° und 747 mm Druck.

Berechnet für $C_{17}H_{16}N_2O_3$ Gefunden
N   9,46   9,80 $\%$.

Die Substanz ist in den meisten Lösungsmitteln auch beim Erhitzen schwer löslich.

Beim Acetylieren in der Wärme entsteht dieselbe Verbindung, doch tritt dabei bedeutende Verharzung ein.

Durch Natronlauge werden schon in der Kälte allmählich beide Acetylgruppen abgespalten unter Rückbildung des ursprünglichen Oxims.

I z 1, 3-Acetylphenylisindazol.

Verschiedene Versuche, die **Wasserabspaltung** aus dem Oxim **durch blosses Erhitzen** oder durch Behandlung mit **Kondensationsmitteln** zu bewirken, blieben auch hier **ohne Erfolg**; dagegen konnte die **Ringschliessung** wieder durch Behandlung mit dem **Beckmann'schen Gemisch** bewirkt werden. 2 g des o-Amidobenzophenonoxims blieben 10 Tage in einer Lösung von 20 g Beckmann'schem Gemisch stehen. Nach dem Verdunsten der Hauptmenge des Eisessigs schied sich auf Zusatz von Soda ein Öl aus, das allmählich erstarrte. Die Ausbeute an Rohprodukt betrug ca. 2,5 g. Trotz mehrmaligen Umkrystallisierens aus Alkohol schmolz der Körper noch unscharf bei 169°—175°.

Eine Stickstoffbestimmung ergab, dass das erwartete Acetylphenylisindazol, $C_6H_4\!\!<\!\!\begin{smallmatrix}C-C_6H_5\\N\\N\cdot C_2H_3O\end{smallmatrix}\!\!>$, vorlag.

0,1612 g Substanz gaben 17,9 ccm feuchten Stickstoff bei 25° und 752 mm Druck.

Berechnet für $C_{15}H_{12}N_2O$ Gefunden
N   11,87   12,25 %.

Die Substanz hat ausgesprochenen Indazolgeruch, giebt mit Quecksilberchlorid den charakteristischen Niederschlag, ist in Säuren sehr leicht, in Alkalien schwer löslich. In allen gebräuchlichen Lösungsmitteln löst sie sich sehr leicht, auch in heissem Wasser, jedoch nicht in dem Maasse wie die entsprechende Methylverbindung. Aus verdünntem Alkohol krystallisirt sie in glänzenden, prismatischen Blättchen oder Nadeln.

Acetyl-o-amidobenzophenon.

Um die Stellung der Acetylgruppe in dem eben beschriebenen Körper, und damit seine Konstitution nachzuweisen, sollte derselbe aus dem Oxim des Acetyl-o-amidobenzophenons dargestellt werden.

Die noch nicht bekannte **Acetylverbindung des o-Amidobenzophenons** entsteht bei gelindem Erwärmen des letzteren Körpers mit Essigsäureanhydrid. Wird das Reaktionsprodukt zur Zerstörung des überschüssigen Anhydrids mit Alkohol auf dem Wasserbade eingedampft, so hinterbleibt ein Öl, welches beim Verreiben mit Wasser erstarrt. Aus verdünntem Alkohol krystallisiert der Körper bei langsamer Abkühlung in schuppigen Blättchen oder derben Nadeln. Man kann ihn auch durch Fällen seiner essigsauren Lösung mit Wasser reinigen. Diese Acetylverbindung schmilzt bei 72°.

0,1332 g Substanz gaben 7,4 ccm feuchten Stickstoff bei 21° und 751 mm Druck.

Berechnet für $C_{15} H_{13} N O_2$ Gefunden
N   5,86   6,25 %.

Versuche, diese Acetylverbindung in ihr Oxim zu verwandeln, lieferten wenig befriedigende Ergebnisse und wurden vorläufig nicht weiter verfolgt, da es gelang, durch die Spaltung des Acetylphenylisindazols den gewünschten Beweis für seine Konstitution zu erbringen.

Spaltung des Acetylphenylisindazols.

0,5 g des Indazolkörpers wurden 2—3 Stunden auf dem Wasserbade mit verdünnter Natronlauge digeriert. Hierbei wurde ein Produkt erhalten, welches in Alkalien und Säuren löslich war, nicht mehr den Indazolgeruch besass und auch durch Quecksilberchlorid nicht mehr gefällt wurde.

Diese Eigenschaften sprachen dafür, dass der Körper als ein **Oxim des o-Amidobenzophenons** anzusehen sei:

$$C_6H_4\underset{N\cdot C_2H_3O}{\overset{C-C_6H_5}{\diamondsuit}}N + 2H_2O = C_6H_4\underset{NH_2}{\overset{C-C_6H_5}{\diamondsuit}}N\cdot OH + C_2H_4O_2.$$

Eine Bestimmung des Stickstoffgehalts der Substanz bestätigte diese Auffassung.

0,1149 g Substanz gaben 13,8 ccm feuchten Stickstoff bei 21° und 751 mm Druck.

Berechnet für $C_{13}H_{12}N_2O$ Gefunden
N   13,21   13,49 %.

Die Verbindung ist jedoch **nicht** identisch mit dem oben beschriebenen Oxim des o-Amidobenzophenons. Während dieses bei 156° schmilzt, liegt der Schmelzpunkt der neuen, aus heissem Benzol umkrystallisierten Substanz bei 123°—125°, und auch im Übrigen unterscheiden sich beide Körper scharf von einander.

Dass wirklich ein **isomeres o-Amidobenzophenonoxim** vorliegt, zeigt das Verhalten der Substanz gegen Essigsäureanhydrid, durch welches sie in dieselbe Diacetylverbindung — Schmelzpunkt 218° — verwandelt wird, wie das isomere Oxim.

Ein wesentliches Argument für diese Annahme bietet auch die **analoge Rückbildung des o-Amidoacetophenonoxims** aus der entsprechenden Indazolverbindung. Dass sich vom o-Amidobenzophenon zwei Oxime ableiten, während das Amidoacetophenonoxim bis jetzt nur in einer Modifikation bekannt ist, steht im Einklang mit den von Hantzsch[1]) gefundenen Thatsachen. Nach seinen Untersuchungen wird nämlich die Oximidogruppe von aliphatischen Radikalen abgestossen. Von den beiden Formen des Amidoacetophenonoxims:

I. $C_6H_4 \underset{NH_2}{\overset{|}{}} \underset{HON}{\overset{C-CH_3}{\|}}$ II. $C_6H_4 \underset{NH_2}{\overset{|}{}} \underset{N-OH}{\overset{C-CH_3}{\|}}$

---

1) Ber. d. D. chem. Ges. XXIII, 2324, 2771; XXIV, 32.

ist daher nur die erste beständig. Vom o-Amidobenzophenonoxim werden dagegen beide Formen:

$$\text{I.} \quad \underset{\underset{\text{NH}_2}{|}}{\text{C}_6\text{H}_4} - \underset{\underset{\text{HON}}{|}}{\text{C}} - \text{C}_6\text{H}_5 \qquad \text{II.} \quad \underset{\underset{\text{NH}_2}{|}}{\text{C}_6\text{H}_4} - \underset{\underset{\text{N}-\text{OH}}{|}}{\text{C}} - \text{C}_6\text{H}_5$$

existenzfähig sein, wie die zahlreichen Beispiele stereochemisch isomerer Oxime von einfach substituierten Benzophenonen zeigen.

Dass beide Oxime ein und dasselbe Acetylderivat bilden, ist nach den neueren Untersuchungen von Hantzsch nicht gerade auffallend.

Diese Betrachtungen müssen zur Zeit noch mit Vorbehalt gegeben werden, da erst durch eingehende Untersuchung mit grösseren Subtanzmengen die Verhältnisse sicher zu stellen sind.

Zur Deutung der Reaktion, durch welche die Sprengung des Indazolringes erfolgt, dürfte vielleicht die folgende Annahme geeignet sein. Durch Vermittelung des Alkalis wird zunächst ein Molekül Wasser an den Indazolkern angelagert, indem vorübergehend di evierte und fünfte Valenz der beiden Stickstoffatome in Wirksamkeit treten:

$$\text{C}_6\text{H}_4 \diamondsuit \begin{matrix} \text{C}-\text{R} \\ \text{N} \\ | \\ \text{N} \\ | \\ \text{H} \end{matrix} + \text{H}_2\text{O} = \text{C}_6\text{H}_4 \diamondsuit \begin{matrix} \text{C}-\text{R} \\ \text{N}=\text{O} \\ \text{N} \\ \| \quad \backslash \\ \text{H}_2 \quad \text{H} \end{matrix}$$

Durch Wanderung eines Wasserstoffatomes geht die entstandene Form in die folgende über:

$$\text{C}_6\text{H}_4 \diamondsuit \begin{matrix} \text{C}-\text{R} \\ \text{N}-\text{OH} \\ \text{N} \\ \| \\ \text{H}_2 \end{matrix}$$

welche dann durch Lösung der doppelten Stickstoffbindung das Oxim bildet:

$$C_6H_4\underset{NH_2}{\overset{C-R}{\diagdown N\cdot OH}}$$

Da das ursprüngliche Oxim sich leicht unter Wasserabspaltung direkt in ein Indazol verwandelt, so wird darin die Hydroxylgruppe der Amidogruppe zugekehrt sein. Vollzieht sich die Wasseranlagerung an den Indazolkern in der eben beschriebenen Weise, so wird, wie ersichtlich, im Moment der Sprengung der Stickstoffbindung die Hydroxylgruppe dem substituierten Benzolkern abgewandt sein, und ein isomeres Oxim entstehen müssen, vorausgesetzt, dass ein solches überhaupt existenzfähig ist.

Benzenylphenylenamidin.

Eine eigenartige Reaktion findet statt, wenn man auf o-Amidobenzophenon salzsaures Hydroxylamin bei höherer Temperatur einwirken lässt.

In der Hoffnung, eine bessere Ausbeute an o-Amidobenzophenonoxim zu erhalten, wurde eine alkoholische Lösung von 1 Molekül Keton und 3 Molekülen salzsaurem Hydroxylamin im Rohre 3—4 Stunden auf 130°—140° erhitzt. Nach dem Erkalten bildete der Röhreninhalt einen Brei feiner Krystallnadeln, welche das salzsaure Salz einer Base darstellten. Auf Zusatz von Soda fiel die freie Base aus, welche aus verdünntem Alkohol in glänzenden Rhomben vom Schmelzpunkt 291° krystallisierte. In derselben Form scheidet sich die Substanz aus Eisessig ab, während sie aus heissem Wasser in feinen Nädelchen erhalten wird.

Schon der Schmelzpunkt bewies, dass der Körper gänzlich verschieden von dem erwarteten Oxim war, und die Analyse zeigte in der That, dass diese Verbindung 1 Molekül Wasser weniger enthält, als der Formel des Oxims entspricht.

I. 0,2008 g Substanz gaben 0,5915 g Kohlensäure und 0,0981 g Wasser.

II. 0,2062 g Substanz gaben 25,9 ccm feuchten Stickstoff bei 22° und 752 mm Druck.

	Berechnet für $C_{13}H_{10}N_2$	Gefunden I.	II.
C	80,41	80,34	— %
H	5,15	5,43	— „
N	14,44	—	14,08 „

Der Körper besitzt somit die Zusammensetzung eines Phenylisindazols, $C_6H_4\diamondsuit\genfrac{}{}{0pt}{}{C-C_6H_5}{NH}N$, und liefert auch, wie die Indazole, mit Quecksilberchlorid eine schwer lösliche Doppelverbindung. Indessen sprachen das gänzliche Fehlen des charakteristischen Indazolgeruches, und mehr noch der hohe Schmelzpunkt gegen diese Auffassung.

Eine nähere Untersuchung der Verbindung ergab denn auch, dass dieselbe identisch ist mit dem von Hübner[1]) durch Reduktion von Benzoyl-o-nitranilid gewonnenen **Benzenylphenylenamidin**, $C_6H_4\diamondsuit\genfrac{}{}{0pt}{}{N}{NH}C-C_6H_5$.

Die Entstehung dieser Base ist leicht verständlich. Es wird zunächst das Oxim des o-Amidobenzophenons gebildet, dieses erleidet darauf die Beckmann'sche Umlagerung, und deren Produkt, das o-Amidobenzanilid, endlich geht durch Wasserabspaltung in die genannte Base über:

$$C_6H_4\diamondsuit\genfrac{}{}{0pt}{}{C-C_6H_5}{NH_2}N\cdot OH = C_6H_4\diamondsuit\genfrac{}{}{0pt}{}{NH}{NH_2}CO-C_6H_5$$

$$C_6H_4\diamondsuit\genfrac{}{}{0pt}{}{NH}{NH_2}CO\cdot C_6H_5 - H_2O = C_6H_4\diamondsuit\genfrac{}{}{0pt}{}{NH}{N}C\cdot C_6H_5.$$

---

1) Ann. Chem. Pharm. 208, 302.

Der Schmelzpunkt der Base wurde allerdings um 11° höher gefunden als von Hübner — derselbe gibt ca. 280° an — im übrigen aber stimmen die Eigenschaften der Base mit Hübner's Beschreibung des Benzenylphenylenamidins völlig überein. Auch bei den Salzen war in Krystallform und Löslichkeit kein Unterschied zu finden. Überdies ergab eine Bestimmung des Krystallwassergehaltes des neutralen Sulfates, in Übereinstimmung mit der Angabe von Hübner, das Vorhandensein von $1^1/_2$ Molekülen Wasser.

0,3119 g Substanz verloren bei 150°—160° 0,0164 g Wasser.

Berechnet für $(C_{13}H_{10}N_2)_2 \cdot H_2SO_4 + 1^1/_2 H_2O$ Gefunden
H_2O 5,26   5,26 %.

Somit kann an der Identität beider Basen wohl nicht gezweifelt werden.

Nach dem angegebenen Verfahren erhält man die Base in nahezu theoretischer Ausbeute. Sie entsteht ferner, wenn auch in geringerer Menge, wenn man das salzsaure Salz des o-Amidobenzophenonoxims mit Alkohol einige Stunden im Rohr auf 150° erhitzt oder das Oxim in alkoholischer Lösung mit einem Überschuss von Salzsäure auf 130°—140° erwärmt. Das Oxim, für sich mit Alkohol auf die gleiche Temperatur erhitzt, liefert keine Base, die Bildung derselben tritt jedoch ein, sobald der Lösung zwei Tropfen konzentrierter Salzsäure zugefügt werden. Ist überschüssige Salzsäure vorhanden, so wird ein Teil des Oxims in Keton und Hydroxylamin gespalten.

Offenbar ist es die Salzsäure, welche bei all den angeführten Reaktionen die Umlagerung des Oxims bewirkt; auffallend ist nur, dass das spezifische Umlagerungsmittel, das Beckmann'sche Gemisch, nicht in derselben Weise wirkt, sondern Indazolbildung veranlasst.

Bemerkt sei noch, dass die Herren Davies und Feith, welche auf Veranlassung von Herrn Prof. V. Meyer die Einwirkung von salzsaurem Hydroxylamin auf Acetomesitylen studierten, hierbei etwas Ähnliches feststellten. Anstatt des erwarteten Oxims entsteht direkt durch Beckmann'sche Umlagerung Acetylmesidin,

$$\underset{CH_3}{\overset{CH_3}{\bigcirc}}\underset{CH_3}{\overset{NH \cdot CO \cdot CH_3}{}}$$

Nach einer privaten Mitteilung des Herrn Prof. V. Meyer sind auch im Laboratorium des Herrn Prof. Hantzsch in Zürich ganz entsprechende Beobachtungen an dem Keton

$$\underset{}{\bigcirc}\overset{CH_3}{\underset{CH_3}{-}}-CO-\underset{}{\bigcirc}-CH_3$$

gemacht worden.

II.

Über Synthesen einiger alkylierten Tricarballylsäuren.

Einleitung.

Während die Fähigkeit der ungesättigten Verbindungen, sich mit negativen Radikalen durch direkte Addition zu vereinigen, schon seit langer Zeit bekannt ist, haben erst neuere Untersuchungen dargethan, dass jene Körper zum Teil auch positive Atomgruppen anzulagern im Stande sind.

Eine Anzahl derartiger Kondensationen sind von Lloydl,[1]) Purdie,[2]) Baeyer,[3]) Michael,[4]) und anderen beschrieben worden. Die Untersuchungen dieser Forscher erstrecken sich hauptsächlich auf die Einwirkung ungesättigter Säureester auf die Natriumverbindungen von Alkoholen und Säureestern. Die Anlagerung der letzteren vollzieht sich in allen Fällen so, dass das Natriumatom an das eine Kohlenstoffatom mit freier Valenz tritt, der Rest an das andere, nach folgendem Schema:

$$\begin{array}{c} a \\ | \\ b-C \\ \| \\ c-C \\ | \\ d \end{array} + Na-R = \begin{array}{c} a \\ | \\ b-C-Na \\ | \\ c-C-R. \\ | \\ d \end{array}$$

Nach neueren Beobachtungen scheint die Bildung derartiger Additionsprodukte eine Rolle auch in solchen Fällen zu spielen,

---

1) Ber. d. D. chem. Ges. XI, 1244.
2) Ber. d. D. chem. Ges. XIV, 2244.
3) Ber. d. D. chem. Ges. XVIII, 3454.
4) Journ. f. pr. Chem. 35, 350.

wo man es a priori nicht hätte erwarten sollen. In den letzten Jahren ist nämlich öfters ein abnormer Verlauf der Malonestersynthese beobachtet worden, der sich in manchen Fällen ungezwungen durch vorübergehende Bildung ungesättigter Verbindungen und Anlagerung des Natriummalonesters an dieselben erklären lässt. Ohne auf andere Vorgänge, deren Deutung zum Teil noch fraglich ist, an dieser Stelle einzugehen, sei nur ein Beispiel angeführt, bei welchem die oben angedeutete Erklärungsweise als berechtigt angesehen werden darf.

In neuester Zeit haben nämlich K. Auwers und L. Jackson,[1]) sowie Bischoff[2]) nachgewiesen, dass die Säure, welche durch Einwirkung von Natriummethylmalonsäureester auf a-Bromisobuttersäureester und Verseifung des entstandenen Esters entsteht, nicht, wie von Bischoff zuerst angenommen wurde, eine Trimethylbernsteinsäure ist. Die Säure ist vielmehr als symmetrische Dimethylglutarsäure aufzufassen und erwies sich als identisch mit der von Zelinsky[3]) beschriebenen niedrigschmelzenden Dimethylglutarsäure vom Schmelzpunkt 102°—104°. Die Bildung der Säure erklärt sich am einfachsten auf folgende Weise. Aus dem a-Bromisobuttersäureester tritt unter dem Einflusse der alkoholisch-alkalischen Flüssigkeit zunächst ein Molekül Bromwasserstoff aus, und an den entstandenen Methakrylsäureester lagert sich der Natriummethylmalonester an.

$$\text{I. } CO_2C_2H_5 - \underset{CH_3}{\overset{CH_3}{C}}Br - HBr = CO_2C_2H_5 - \underset{CH_3}{\overset{CH_2}{\underset{\|}{C}}}$$

$$\text{II. } CO_2 \cdot C_2H_5 - \underset{CH_3}{\overset{CH_2}{C}} + Na \cdot \underset{CO_2C_2H_5}{\overset{CO_2C_2H_5}{C}} - CH_3$$

---

1) Ber. d. D. chem. Ges. XXIII, 1599.
2) Ber. d. D. chem. Ges. XXIII, 1466, 3407.
3) Ber. d. D. chem. Ges. XXII, 2823.

$$= CO_2 \cdot C_2H_5 - \underset{\underset{CH_3}{|}}{\overset{\overset{CH_2 - C(CO_2C_2H_5)_2}{\diagup}}{\underset{\diagdown}{C}Na}} \overset{}{CH_3}$$

Durch überschüssigen Alkohol wird aus der Natriumverbindung der freie Ester abgeschieden, der bei der Verseifung unter Abspaltung einer Carboxylgruppe in normaler Weise Dimethylglutarsäure liefert.

$$\text{III.} \quad CO_2C_2H_5 - \underset{\underset{CO_2C_2H_5}{|}}{\overset{\overset{CH_3}{|}}{C}} - CH_2 - \underset{\underset{CO_2C_2H_5}{|}}{\overset{\overset{CH_3}{|}}{CH}} + 3 H_2O$$

$$= 3 C_2H_6O + CO_2$$
$$+ CO_2H - \underset{\underset{H}{|}}{\overset{\overset{CH_3}{|}}{C}} - CH_2 - \underset{\underset{H}{|}}{\overset{\overset{CH_3}{|}}{C}} - CO_2H$$

Dimethylglutarsäure.

Die Richtigkeit dieser Auffassung des Vorganges ist ganz neuerdings durch die Synthese[1]) der fraglichen Säure aus Methakrylsäureester und Natriummethylmalonester bewiesen worden.

Die Neigung der Natriumverbindungen der Säureester, mit den Estern ungesättigter Säuren zu Kondensationsprodukten zusammen zu treten, muss stets im Auge behalten werden, wenn es sich um die Konstitutionsbestimmung aliphatischer Säuren handelt, die mit Hülfe der Malonester- oder Acetessigestersynthese gewonnen werden. Es erschien daher wünschenswert, die genannte Methode möglichst auf ihre Allgemeinheit zu prüfen, besonders

---

1) Ber. d. D. chem. Ges. XXIV, 1935.

auch festzustellen, ob sie ein geeignetes Mittel abgeben würde, komplizierte Polycarbonsäuren der Fettreihe darzustellen. Als nächste Aufgabe bot sich hier die Synthese substituierter Tricarballylsäuren.

Die Bildung derartiger Verbindungen war zu erwarten, wenn man die Natriumverbindungen substituierter Malonester auf Fumarsäureester einwirken liess und das entstandene Kondensationsprodukt verseifte. Das allgemeine Reaktionsschema lässt sich durch folgende Gleichungen wiedergeben.

$$
\text{I.} \begin{cases}
\begin{array}{c}
CO_2 \cdot C_2H_5 \\
| \\
R-C-Na \\
| \\
CO_2 \cdot C_2H_5
\end{array}
\;+\;
\begin{array}{c}
CO_2 \cdot C_2H_5 \\
| \\
CH \\
\| \\
CH \\
| \\
CO_2 \cdot C_2H_5
\end{array}
\;=\; \\[2em]
\begin{array}{ccc}
CO_2 \cdot C_2H_5 & H & Na \\
| & | & | \\
R-C & -C & -CH \\
| & | & | \\
CO_2 \cdot C_2H_5 & CO_2 \cdot C_2H_5 & CO_2 \cdot C_2H_5
\end{array} + H_2O =
\end{cases}
$$

$$
\text{II.} \quad
\begin{array}{ccc}
CO_2 \cdot C_2H_5 & H & \\
| & | & \\
R-C & -C & -C \cdot H_2 \\
| & | & | \\
CO_2 \cdot C_2H_5 & CO_2 \cdot C_2H_5 & CO_2 \cdot C_2H_5
\end{array}
+ NaOH
$$

$$
\text{III.} \quad
\begin{array}{c}
R \\
| \\
C = (CO_2 \cdot C_2H_5)_2 \\
| \\
H \cdot C - CO_2 \cdot C_2H_5 \\
| \\
H \cdot C - CO_2 \cdot C_2H_5 \\
H
\end{array}
+ 4\,H_2O \;=\;
\begin{array}{c}
R \\
| \\
H-C^*-CO_2H \\
| \\
H-C^*-CO_2H \\
| \\
H-C-CO_2H \\
H
\end{array}
$$

$$+ 4\,C_2H_6O + CO_2.$$

R-Tricarballylsäure.

Die so entstehenden alkylierten Tricarballylsäuren haben, wie ein Blick auf die obenstehende Formel zeigt, zwei **asymmetrische Kohlenstoffatome (C*)**. Es war daher nicht unwahrscheinlich, dass die genannten Säuren in **mehreren, stereochemisch isomeren Modifikationen** auftreten würden. Die Versuche haben gezeigt, dass in der That die Darstellung alkylierter Tricarballylsäuren auf dem angegebenen Wege gelingt. Dieselben konnten in je einer Modifikation isoliert werden. Daneben waren sehr wahrscheinlich auch die vermuteten isomeren Säuren gebildet worden, doch war es wegen der Schwierigkeit ihrer Trennung nicht möglich, dieselben in völlig reinem Zustande darzustellen und als besondere chemische Individuen zu charakterisieren.

Experimenteller Teil.

Aethylpropantetracarbonsäureester.

$$\begin{array}{l} C_2H_5 \\ | \\ C = (CO_2 \cdot C_2H_5)_2 \\ | \\ H-C-CO_2 \cdot C_2H_5 \quad = C_{17}H_{28}O_8. \\ \\ H-C-CO_2 \cdot C_2H_5 \\ | \\ H \end{array}$$

Der zu den Versuchen verwandte Fumarsäureester war aus der käuflichen Aepfelsäure dargestellt. Dieselbe wird nach A. v. Baeyer's[1]) Vorschrift durch 40stündiges Erhitzen auf 140°—150° in Fumarsäure übergeführt. Es ist in diesem Falle nicht nötig, das erhaltene Rohprodukt zu reinigen, auch schadet ein Überschreiten der Temperatur selbst bis 170° nichts, weil geringe Mengen von Maleïnsäure beim Esterifizieren nach dem von Purdie[2]) angegebenen Verfahren in Fumarester übergeführt werden. Die Ausbeute aus 500 g Aepfelsäure betrug im Durchschnitt 360 g Fumarsäure, aus welcher man das gleiche Gewicht an reinem Ester erhält.

Den Aethylmalonester stellt man sich vorteilhaft nach der

---

1) Ber. d. D. chem. Ges. XVIII, 676.
2) Journ. of. chem. soc. 39, 346.

von Conrad und Bischoff[1]) gegebenen Vorschrift durch Einwirkung von Aethyljodid auf eine Lösung von Natriummalonsäureester in absolutem Alkohol dar.

Die Kondensation wurde in folgender Weise ausgeführt. 140 g Aethylmalonsäureester wurden beispielsweise in einer frisch bereiteten Lösung von 17,1 g Natrium in 200 ccm absolutem Alkohol gelöst und nach kurzem Digerieren etwa zwei Drittel des Alkohols abdestilliert, hierauf in der Kälte 120 g Fumarester hinzugefügt. Die Masse erwärmte sich bei Anwendung so grosser Quantitäten so stark, dass der Alkohol ins Sieden kam. Zur Vollendung der Reaktion wurde noch 1—2 Stunden auf dem Wasserbade erwärmt und einige Stunden stehen gelassen. Der feste Natriumaethylmalonester ging dabei nach und nach ganz in Lösung, die anfänglich gelbe Farbe der Lösung schlug bald in rot und allmählig in grün über. Rein smaragdgrüne Färbung zeigte das Ende der Reaktion an. In einzelnen Fällen blieb jedoch der Farbenumschlag von Rot nach Grün aus, ohne dass dadurch die Ausbeute schlechter geworden wäre. Es erwies sich als vorteilhaft, vor der Zersetzung der Natriumverbindung etwa die Hälfte des Alkohols abzudestillieren, dann erst mit 3 bis 4 Volumen Wasser zu versetzen und mit Schwefelsäure anzusäuern. Die grüne Färbung verschwand dabei, und ein dunkelgelbes bis braunrotes Öl schied sich ab. Dasselbe wurde im Scheidetrichter möglichst gut getrennt, und das Wasser noch ein bis zweimal ausgeaethert. Die Ausbeute an Rohprodukt war in der Regel nahezu quantitativ.

Die Reinigung des Esters geschah durch fraktionierte Destillation im Vacuum. Der Druck im Destillationsapparate schwankte bei den verschiedenen Operationen zwischen 15—25 mm. Dabei ging die Hauptmenge kurz unter oder über 200° über. Durch wiederholte Fraktionierung wurde ein Produkt erhalten, welches innerhalb weniger Grade überging, z. B. bei einem Druck von 25 mm zwischen 207° und 212°. Die Analyse gab annähernd

---

1) Ann. Chem. Pharm. **204**, 144.

die für die Formel des Aethylpropantetracarbonsäureesters berechneten Zahlen.

0,1720 g Substanz gaben 0,3596 g Kohlensäure und 0,1164 g Wasser.

Berechnet für $C_{17}H_{28}O_8$			Gefunden
C_{17}	204	56,67	57,02 %
H_{28}	28	7,77	7,52 „
O_8	128	35,56	—
	360	100,00	

Das spezifische Gewicht des Esters bei 17° bezogen auf Wasser von 4° wurde gefunden d $\frac{17°}{4°}$ = 1,098.

In reinem Zustande bildet der Ester ein farbloses, dickflüssiges Öl von geringem Lichtbrechungsvermögen.

Aethyltricarballylsäure.

$$\begin{array}{c} C_2H_5 \\ | \\ H-C-CO_2H \\ | \\ H-C-CO_2H \\ | \\ H-C-CO_2H \\ | \\ H \end{array} = C_8H_{12}O_6.$$

Der Ester wurde nach dem von Bischoff[1]) empfohlenen Verfahren mit anderhalb Volumen 20 prozentiger Salzsäure verseift. Hierbei wird von den beiden dem Malonester entstammenden Carbonylgruppen eine in normaler Weise eliminiert.

Die Dauer der Operation schwankte je nach der Menge und Reinheit des angewandten Esters zwischen 4—14 Stunden.

War der Tetracarbonester vor der Verseifung sorgfältig fraktioniert, so schieden sich schon beim Erkalten, der zuvor filtrierten Lösung Krystalle aus, die bei 143°—147° schmolzen. Kamen jedoch Estermengen zur Anwendung, welche innerhalb

---

1) Ber. d. D. chem. Ges. XXI, 2098.

grösserer Temperaturintervalle übergegangen waren, so musste die Lösung zunächst konzentriert werden, und die ausgeschiedenen Krystalle waren weit weniger rein. Solche Produkte schmolzen ganz unscharf, manchmal schon von 100° an. Allzu starkes Konzentrieren in der Wärme erwies sich als unvorteilhaft, weil dadurch die ganze Masse sich in einen zähen Syrup verwandelte, der nur äusserst schwer krystallisierte. In solchen Fällen, wo der Krystallisation Schwierigkeiten entgegenstanden, war es vorteilhaft, die Lösung im Exsiccator eindunsten zu lassen. Dabei leistete mir ein nach Angabe von W. Hempel[1]) konstruierter Exsiccator ausgezeichnete Dienste. Unter Anwendung von Kali als Trockensubstanz konnte man die Flüssigkeit in einem solchen, wie der Vergleich zeigte, im dritten Teil der Zeit eindunsten, welche in einem gewöhnlichen Exsiccator erforderlich war. Nach mehreren Tagen war dann alles zu einem dicken Brei erstarrt. Derselbe wurde auf einem Filter scharf abgesaugt, auf Thon gestrichen, und die trockene Masse endlich in siedendem Aether aufgelöst, um von kleinen Mengen Salmiak zu befreien, der durch fraktionierte Krystallisation nicht zu entfernen ist. Diese Verunreinigung ist nie ganz zu vermeiden; sie rührt von kleinen Mengen Cyanessigsäureester her, durch welche der Malonester immer verunreinigt ist. Nach dem Verdunsten des Aethers — anfangs über Paraffin, zuletzt auf dem Wasserbade — hinterblieb ein dicker Syrup, der nach dem Verreiben mit einigen Krystallen der festen Säure in der Regel nach 48 Stunden zum grössten Teil erstarrt war. Auf Thon gestrichen trocknete dann alles zu einer festen, wenig gefärbten Masse ein.

Man kann solche schwierig krystallisierende Lösungen auch in der Weise verarbeiten, dass man sie mit calcinierter Soda versetzt, bis die Tropaeolinreaktion nur noch ganz schwach auftritt, darauf möglichst stark auf dem Wasserbade konzentriert und den Rückstand mit siedendem Aether extrahiert. Die zuvor mit Chlorcalcium getrocknete aetherische Lösung wird darauf

---

1) Journ. f. ang. Chemie, 1891. 7.

in der oben beschriebenen Weise weiter behandelt. Das auf diesem Wege gewonnene Rohprodukt pflegte etwas reiner zu sein als das erste.

Die erhaltenen Rohprodukte wurden in allen Fällen einer sehr sorgfältigen fraktionierten Krystallisation aus Wasser unterworfen, nachdem sie zuvor, wenn nötig, mit gereinigter Tierkohle gekocht worden waren. Nach mehr oder weniger häufiger Wiederholung der Operation erhielt ich eine konstant bei 147°—148° schmelzende Säure, welche noch einmal aus Aether umkrystallisiert den Schmelzpunkt nicht mehr änderte.

Die Analyse ergab die für **Aethyltricarballylsäure** stimmenden Werte.

I. 0,1496 g Substanz gaben 0,2563 g Kohlensäure und 0,0832 g Wasser.

II. 0,0997 g Substanz gaben 0,1711 g Kohlensäure und 0,0567 g Wasser.

Berechnet für $C_8H_{12}O_6$			Gefunden	
			I.	II.
C_8	96	47,06	46,70	46,78
H_{12}	12	5,88	6,18	6,32
O_6	96	47,06	—	—
	204	100,00		

Die erhaltene Säure ist in Wasser, Alkohol und Aether äusserst leicht löslich, schwerer in Salzsäure, Benzol und Ligroïn, und durch die beiden letzteren aus der aetherischen Lösung fällbar. Wenn bereits annähernd rein, scheidet sie sich beim Verdunsten der Lösung ziemlich rasch in gut ausgebildeten Krystallen aus. Ist sie unrein, so beginnt die Krystallisation (selbst bei —10°) oft erst nach Tagen und Wochen. Sie krystallisiert dabei in kugeligen Aggregaten oder feinverzweigten eisblumenartigen Gebilden. Die einzelnen Individuen bestehen aus flachen, glänzenden, schiefwinkeligen Prismen. Aus Salzsäure erhält man manchmal derbe rundliche Körner. Bei langsamem Eindunsten der wässerigen oder salzsauren Lösung schied sich in einzelnen Fällen krystallwasserhaltige Säure ab; doch konnte ich die Bedingungen dafür nicht mit Sicherheit ermitteln; auch gaben verschiedene Bestimmungen abweichende Werte.

Die Ausbeute an reiner Säure betrug nie mehr als einige Prozent des Rohproduktes. Aus den Mutterlaugen wurden zwar noch bedeutende Mengen krystallisierter Säure gewonnen; dieselbe liess sich jedoch niemals auf einen konstanten oder auch nur einigermassen scharfen Schmelzpunkt bringen. Eine Fraktion schmolz nach sehr häufigem Umkrystallisieren immer noch unscharf bei 110°—120°, die Menge derselben war schliesslich so klein geworden, dass weitere Versuche zur Isolierung eines reinen Produktes aufgegeben wurden.

Salze der Aethyltricarballylsäure.

Titration. Um die dreibasische Natur der Aethyltricarballylsäure zu prüfen, wurde dieselbe mit $^1/_{10}$ Normalnatronlauge titriert.

0,1716 g Substanz brauchten 25,20 ccm = 0,05796 g Na.

Berechnet auf	Gefunden
$C_8 H_9 O_6 Na_3$	
Na 33,77	33,82 %.

Silbersalz. Eine wässerige Lösung der Säure wurde mit Ammoniak genau neutralisiert und in der Hitze Silbernitrat in geringem Überschusse zugefügt. Es fiel ein weisser, schwer löslicher, sehr voluminöser Niederschlag aus. Derselbe wurde zur Reinigung mehrmals mit Wasser, Alkohol und Aether ausgekocht und unter Lichtabschluss im Vacuum getrocknet. Die Analyse gab den für das tertiäre Silbersalz berechneten Gehalt an Silber.

0,5104 Substanz gaben 0,3144 g Silber.

Berechnet auf	Gefunden
$C_8 H_9 O_6 Ag_3$	
Ag 61,62	61,60 %.

Das Salz ist gegen Licht wenig beständig, lässt sich aber bei 100° ohne merkliche Zersetzung trocknen.

Das Quecksilber-, Blei- und Kupfersalz bilden ebenfalls amorphe Niederschläge, die in kochendem Wasser so gut wie unlöslich sind. Die beiden ersteren sind weiss, das letztere blaugrün gefärbt.

Das Zinksalz bildet einen weissen krystallinischen Niederschlag, der in kaltem Wasser leicht, in heissem schwerer löslich ist.

Das Calcium- und Baryumsalz sind in Wasser leicht löslich.

Eisenchlorid erzeugt in der neutralen Lösung der Säure einen braunen, gelatinierenden Niederschlag.

n-Propyltricarballylsäure.

Das Verfahren zur Darstellung des Propylpropantetracarbonsäureesters war ganz ähnlich dem bei der Darstellung der entsprechenden Aethylverbindung. Beispielsweise wurden 26 g Propylmalonester (S. P. 215°—220° in Form seiner Natriumverbindung mit 21 g Fumarester kondensiert. Es trat nur geringe Temperaturerhöhung ein und nach zweistündigem gelinden Erwärmen auf dem Wasserbade war die Reaktion beendet, wie sich aus der rein grünen Farbe der Lösung erkennen liess. Die Ausbeute an Rohprodukt betrug 41 g. Durch wiederholte Fraktionierung im Vacuum liessen sich daraus 17 g reiner Ester gewinnen. Der Siedepunkt lag unter einem Drucke von 16 mm bei 205°—206°.

Der Ester ist in reinem Zustande ein farbloses dickflüssiges Öl. Sein spezifisches Gewicht bei 19° bezogen auf Wasser von 4° wurde gefunden $d\frac{19°}{4°} = 1,092$.

Die Verseifung geschah in der gleichen Weise wie bei der Aethyltricarballylsäure angegeben. Sie verlief hier in der Regel weniger glatt, indem nicht unbedeutende Mengen eines leicht flüchtigen Öles mit den Alkoholdämpfen überdestillierten, und andererseits auch nach sehr langem Erhitzen ein Teil des Öles noch nicht gelöst war.

Zur Gewinnung der reinen Säure wurde das Rohprodukt in der früher angegebenen Weise einer sorgfältigen Krystallisation unterworfen. Der Schmelzpunkt der so erhaltenen Säure liegt bei 151°—152°.

Die Analyse gab die auf die Formel der **Propyltricarballylsäure**

$$\begin{array}{c} C_3H_7 \\ | \\ H \cdot C \cdot CO_2H \\ H \cdot C \cdot CO_2H = C_9H_{14}O_6 \\ H \cdot C \cdot CO_2H \\ | \\ H \end{array}$$

stimmenden Zahlen.

0,1718 g Substanz lieferten 0,3109 g Kohlensäure und 0,1018 g Wasser.

Berechnet für $C_9H_{14}O_6$			Gefunden
C_9	108	49,54	49,37
H_{14}	14	6,42	6,58
O_6	96	44,04	—
	228	100,00	

Die Säure krystallisiert aus Wasser in kugeligen Aggregaten, welche aus feinen Blättchen bestehen. Bei langsamem Verdunsten scheiden sich mit Vorliebe derbe Prismen aus, welche Krystallwasser enthalten und in diesem Zustande schon auf dem Wasserbade schmelzen. Die Säure ist ebenfalls äusserst leicht löslich in Wasser, Alkohol und Aether, schwerer in Benzol und Ligroïn.

Die **Salze** sind, soweit sie untersucht wurden, vollständige Analoga von denen der Aethyltricarballylsäure. So liessen das **Silber-, Kupfer-, Quecksilber-, Blei-,** und **Zinksalz** äusserlich gar keine Unterschiede erkennen; letzteres ist ebenfalls in heissem Wasser schwerer löslich als in kaltem. Die **dreibasische** Natur der Säure wurde noch durch eine **Analyse des Silbersalzes** erwiesen. Dieselbe ergab folgenden Wert.

0,6732 g Substanz gaben 0,4039 g Silber.

Berechnet auf $C_9H_{11}O_6Ag_3$ Gefunden
Ag   60,10   60,00 %.

Isopropyltricarballylsäure.

$$\begin{array}{c} \text{CH}_3 \\ \diagdown \\ \text{CH} \\ \text{CH}_3 \diagup \end{array} \begin{array}{c} \text{H} \\ | \\ -\text{C}-\text{CO}_2\text{H} \\ | \\ \text{H}-\text{C}-\text{CO}_2\text{H} \\ | \\ \text{H}-\text{C}-\text{CO}_2\text{H} \\ | \\ \text{H} \end{array}$$

Mit geringen Abweichungen wurde hier wieder dasselbe Verfahren angewandt wie in den früheren Fällen. So wurden beispielsweise 42 g Isopropylmalonsäureester (S. P. 212°—215°) in Form seiner Natrium-Verbindung in alkolischer Lösung mit 35,8 g Fumarsäureester kondensiert. Die Masse erwärmte sich viel weniger als in den beiden ersten Fällen. Die Reaktion war nach 3—4 stündigem Erwärmen auf dem Wasserbade vollendet, ohne dass dabei der Farbenumschlag in grün eintrat. Ohne vorherige Konzentration des Alkohols wurde der Ester abgeschieden. Die Ausbeute an Rohprodukt war fast quantitativ ca. 70 g. Nach wiederholter Destillation im Vacuum ging die Hauptmenge innerhalb weniger Grade über. Unter 20 mm Druck lag der Siedepunkt bei 205°—207°.

Der Ester bildet ein farbloses, dickflüssiges Öl. Sein **spezifisches Gewicht** bei 19°, bezogen auf Wasser von 4°, wurde gefunden: $d\frac{19°}{4°} = 1,085$.

Die Verseifung wurde wieder in der bekannten Weise vorgenommen. Wie im vorigen Falle gingen dabei kleine Mengen eines schwer verseifbaren Öles mit über. Zur Gewinnung der Säure erwies es sich vorteilhaft, die salzsaure Lösung auf einer flachen Schale rasch auf ein Drittel des Volumens zu konzentrieren. Dabei trat nicht wie sonst Syrupbildung ein, sondern beim Erkalten begann sehr bald die Krystallisation; nach mehrtägigem Stehen war in der Regel alles zu einem festen Brei von nur wenig gefärbten Krystallen erstarrt. Sie konnten durch Absaugen über Glaswolle von der Mutterlauge getrennt, und letztere nochmals in gleicher Weise behandelt werden. Die Reaktion verlief also in diesem Falle, obwohl weniger lebhaft, doch glatter als in den früheren. Die durch Aufstreichen auf Thon getrockneten Krystalle schmolzen von $135°—150°$. Sie enthielten noch viel Salmiak, von welchem sie durch Behandlung mit Aether befreit wurden. Nach wiederholtem Umkrystallisieren aus Wasser lag der Schmelzpunkt konstant bei $161°$. Die Analyse ergab die auf obige Formel stimmende Werte.

I. 0,1847 g Subtanz gaben 0,3305 g Kohlensäure und 0,1100 g Wasser.

II. 0,2181 g Substanz gaben 0,3954 g Kohlensäure und 0,1327 g Wasser.

Berechnet für $C_9H_{14}O_6$			Gefunden	
			I.	II.
C_9	108	49,54	48,81	49,45
H_{14}	14	6,42	6,62	6,76
O_6	96	44,04	—	—
	228	100,00		

Die Isopropyltricarballylsäure ist in allen Eigenschaften, den beiden vorher beschriebenen sehr ähnlich. Sie löst sich sehr leicht in Wasser, Alkohol und Aether, schwer in Benzol und Ligroïn. Sie krystallisiert in kugelförmigen Aggregaten von feinen Blättchen oder in derben Körnern ohne deutliche Krystallflächen. Krystallwasser wurde nie beobachtet.

Beim Krystallisieren, besonders aus Salzsäure, schied sich häufig ein inniges Gemenge von braunen, derben Körnern und farblosen Blättchen ab, welche möglicherweise, zwei stereo-chemisch isomere Modifikationen repräsentieren. Durch noch so sorgfältige mechanische Sonderung gelang es indessen nicht, zwei Fraktionen von verschiedenem Schmelzpunkt daraus zu isolieren.

Ebensowenig konnte aus den Mutterlaugen eine weitere Säure in reinem Zustande gewonnen werden. Auch fraktionierte Fällung mit Silbernitrat und getrennte Zerlegung mit Schwefelwasserstoff führte nicht zum Ziele.

Soweit die **Salze** untersucht wurden, sind sie denen der beiden ersten Säuren fast durchweg analog.

Die Analyse des Silbersalzes gab die für das tertiäre Salz berechneten Werte.

0,3340 g Substanz ergaben 0,2012 g Silber.

Berechnet für $C_9H_{11}O_6Ag_3$ Gefunden
Ag   60,10   60,24 %.

Von den übrigen Salzen möge nur das **Zinksalz** erwähnt werden. Dasselbe unterscheidet sich von denen der beiden ersten Säuren dadurch, dass es in heissem Wasser leichter löslich ist als in kaltem.

Die Synthese der **Isopropyltricarballylsäure** darf desshalb ein gewisses Interesse beanspruchen, weil Bredt[1]) der **Camphoronsäure** eine solche Konstitution zuschrieb.

Die **beiden Säuren sind nun bestimmt von einander verschieden**, wie schon die grosse Differenz zwischen den Schmelzpunkten ergiebt. Camphoronsäure schmilzt schon bei 136°—139° unter Zersetzung, Isopropyltricarballylsäure unzersetzt bei 161°. Auf Grund des elektrischen Leitungsvermögens hatte Ostwald[2]) der ersteren schon die Natur einer dreibasischen Säure

---

1) Ann. Chem. Pharm. 226, 249.
2) Abhandl. der math.-phys. Klasse der Königl. Sächs. Ges. der Wissensch. XV. 224.

abgesprochen. Die Grösse der Konstante K beträgt für dieselbe K = 0,0175, während eine für die Isopropyltricarballylsäure vorgenommene Bestimmung den Wert K = 0,04133 ergab. Da die letztere Konstante neuerdings häufig für die Feststellung der Konstitution aliphatischer Carbonsäuren von Wichtigkeit war, schien die Bestimmung derselben auch für die beiden übrigen von mir dargestellten Säuren nicht ohne Interesse zu sein.

Die im Nachstehenden mitgeteilten Werte verdanke ich der Güte des Herrn Prof. Ostwald. Derselbe hatte die Freundlichkeit, die betreffenden Messungen durch Herrn Bersch ausführen zu lassen, wofür ich den beiden genannten Herren zu bestem Danke verpflichtet bin.

Aethyltricarballylsäure.

$\mu_\infty = 351$.

v	μ	100 m	100 R
68,04 l	47,83	13,66	0,03127
136,08	65,10	18,49	3083
272,16	82,52	23,45	2636
544,32	119,0	33,79	3172
1088,64	157,7	44,79	3334
2177,28	202,3	57,76	2877

K = 0,0303.

n-Propyltricarballylsäure.

$\mu_\infty = 352$.

v	μ	100 m	100 R
41,79 l	33,30	9,46	0,02366
83,58	46,18	13,15	2381
167,16	63,23	17,97	2372
334,32	85,61	24,27	2324
668,64	114,60	32,55	2347
1337,28	150,00	42,62	2367
2674,56	193,00	54,93	2501

K = 0,02379.

Isopropyltricarballylsäure.
$\mu_\infty = 351$.

v	μ	100 m	100 R
52,20 l	47,75	13,57	0,04077
104,40	65,25	18,55	0,04041
208,80	88,24	25,07	4014
417,60	116,90	32,21	3953
835,20	152,60	43,37	3972
1670,40	195,30	55,47	4132
3340,80	244,70	69,53	4746

$K = 0,04133$.

Da zur Zeit noch sehr wenige Bestimmungen des elektrischen Leitvermögens von dreibasischen Fettsäuren vorliegen, muss man sich hüten, aus den erhaltenen Werten weitgehende Schlüsse zu ziehen. Nur so viel geht aus den Zahlen mit einiger Sicherheit hervor, dass wie bei der Bernsteinsäure durch **Eintritt von Alkyl die Acidität der Tricarballylsäure im allgemeinen erhöht** wird, wie ein Vergleich der Werte von K für die verschiedenen substituierten Tricarballylsäuren zeigt.

Tricarballylsäure $K = 0,0220$
Methyltricarballylsäure $K = 0,0253$
Aethyltricarballylsäure $K = 0,0303$
n-Propyltricarballylsäure $K = 0,02379$
Isopropyltricarballylsäure $K = 0,04133$.

Die vorliegende Arbeit wurde im chemischen Laboratorium der Universität Heidelberg ausgeführt.

Es sei mir an dieser Stelle gestattet, meinem hochverehrten Lehrer Herrn Privatdocenten Dr. K. Auwers für die mir stets im reichsten Masse gewidmete Anregung und Unterstützung meinen herzlichsten Dank auszusprechen.

Auch möchte ich nicht verfehlen, Herrn Geh. Rat. Prof. Dr. V. Meyer für den regen Anteil, welchen er jederzeit an meinen Arbeiten nahm, bestens zu danken.